Symphony No. 4

Revised Version (1851)

Robert Schumann
Op. 120

Score

Breitkopf & Härtel Edition

Performer's Reprints

R-409

VIERTE SYMPHONIE

von

ROBERT SCHUMANN.

Op. 120.

Ziemlich langsam. (♩ = 52.)

Componirt 1841 u. 1851.

Ziemlich langsam.

Die Skizze dieser Symphonie entstand bereits im Jahre 1841 kurz nach der Ersten in B dur, wurde aber erst im Jahre 1851 vollständig instrumentirt. Diese Bemerkung schien nöthig, da später noch zwei mit den Nummern II und III bezeichnete Symphonien erschienen sind, die, der Zahl der Entstehung nach, folglich die III<u>te</u> und IV<u>te</u> waren.

Stich und Druck von Breitkopf & Härtel in Leipzig.

Ausgegeben 1882.

muta in Des.As.

ROMANZE.

Ziemlich langsam. (♩ = 66.)

SCHERZO.

Lebhaft. ($\boldsymbol{d} = 92.$)

Lebhaft.

Lebhaft.

Etwas zurückhaltend.

Etwas zurückhaltend.

Etwas zurückhaltend.

Lebhaft.(♩=126.)

muta in A.

Lebhaft.

Lebhaft.

*) Diese, später wiederholte *sf* müssen von den Blasinstrumentalisten durch wachsende Kraft der Brust hervorgebracht werden.

Presto.

Presto.

Presto.

Performer's Reprints

www.performersedition.com

Reprints of historical editions produced in conjunction with the
International Music Score Library Project
Visit us online for a wide selection of parts and scores

CPSIA information can be obtained
at www.ICGtesting.com
Printed in the USA
LVHW062319100919
630677LV00011B/159/P